ADHS

Leitfaden für Eltern

FÜR MÄDCHEN

(DIE ADHS-BIBEL)

VON

OLIVIA H. WELLS

Erste Ausgabe

INHALTSVERZEICHNIS

BUCHBESCHREIBUNG
Einführung
- 1.1 ADHS bei Mädchen verstehen
- 1.2 Herausforderungen bei der Erziehung von Mädchen mit ADHS
- 1.3 Früherkennung und Unterstützung

ADHS bei Mädchen erkennen
- 2.1 Häufige Symptome und Geschlechtsunterschiede
- 2.2 Navigieren in der Diagnose

Eine unterstützende häusliche Umgebung schaffen
- 3.1 Routinen, Emotionen und Positivität

Kommunikationsstrategien für Eltern und Töchter
- 4.1 Bindungen stärken
- 4.2 Aktives Zuhören und Dialog

Bewältigung schulischer Herausforderungen
- 5.1 Für Bildung eintreten
- 5.2 Zusammenarbeit mit Schulen
- 5.3 Nützliche Lerntechniken

Aufbau sozialer Fähigkeiten und Freundschaften
- 6.1 Pflege von Peer-Verbindungen
- 6.2 Bewältigung gesellschaftlicher

Herausforderungen
Umgang mit ADHS-Symptomen und -Verhalten
7.1 Verhaltenstechniken
7.2 Umgang mit Impulsivität und Emotionen
Hormonelle Veränderungen und Menstruation
8.1 Auswirkungen auf ADHS-Symptome
8.2 Unterstützung während der Pubertät
8.3 Umgang mit emotionalen Veränderungen
Koexistierende Bedingungen
9.1 ADHS und Angst
9.2 Depression und Behandlung
Mädchen mit ADHS stärken
10.1 Selbstwertgefühl und Unabhängigkeit
10.2 Selbstvertretung und Talente
Pflege und Selbstfürsorge in Einklang bringen
11.1 Umgang mit elterlichem Stress
11.2 Unterstützung finden
11.3 Selbstfürsorge für Eltern
Vorbereitung auf die Zukunft
12.1 Jugend und darüber hinaus
12.2 Planung für Studium und Karriere
Abschluss
Wir feiern Mädchen mit ADHS
Ermutigung zur ADHS-Erziehung

BUCHBESCHREIBUNG

Um den Weg der Erziehung von Mädchen mit ADHS zu meistern, ist es wichtig, ihre besonderen Umstände zu verstehen und Einblick in sie zu haben.

Dieses ausführliche Handbuch enthält viele Informationen und nützliche Vorschläge, die Ihnen dabei helfen, Ihrer Tochter den Erfolg zu ermöglichen.

Erfahren Sie mehr über die Feinheiten von ADHS bei Frauen und wie Sie die einzelnen Erscheinungsformen erkennen können.

Dieses Handbuch befasst sich einfühlsam und fachmännisch mit allen Aspekten der Elternschaft, von der Früherkennung bis zur Schaffung einer unterstützenden häuslichen Umgebung.

Die Entwicklung sozialer Fähigkeiten, Kommunikationstechniken und schulischer Schwierigkeiten werden abgedeckt, um Ihnen die Werkzeuge an die Hand zu geben, die Sie benötigen, um den Fortschritt Ihrer Tochter zu unterstützen.

Untersuchen Sie praktische Methoden zur Kontrolle der Symptome und Verhaltensweisen von ADHS und fördern Sie gleichzeitig ihre Unabhängigkeit und ihr Selbstwertgefühl.

Erwerben Sie Kenntnisse über die Planung Ihres Studiums und Ihrer Arbeit ab Erreichen der Pubertät und darüber hinaus, um einen nahtlosen Übergang in die nächste Phase Ihres Lebens zu gewährleisten.

„ADHS-Erziehungsratgeber für Mädchen: Die ADHS-Bibel“ ist Ihr Partner, wenn es darum geht, das Wachstum Ihrer Tochter zu unterstützen, ihre Stärken zu schätzen und ihren Weg zum Erfolg zu fördern.

Es bietet professionelle Ratschläge, praktische Techniken und inspirierende Anekdoten.

Ermutigen Sie sie, Hindernisse zu überwinden, ihre Individualität zu schätzen und selbstbewusst zu wachsen.

Einführung

1.1 ADHS bei Mädchen verstehen

Die Aufmerksamkeitsdefizit-Hyperaktivitätsstörung (ADHS) betrifft Menschen jeden Geschlechts, die Art und Weise, wie sie sich bei Jungen und Mädchen äußert, kann jedoch erheblich variieren.

Für eine erfolgreiche Hilfe und Intervention ist es wichtig, ADHS bei Mädchen zu erkennen und zu verstehen.

Jungen mit ADHS zeigen häufiger Hyperaktivität und Impulsivität, während Mädchen häufig subtilere Symptome aufweisen, die leichter zu übersehen sind.

Es ist möglich, dass Mädchen mit ADHS nicht immer dem Stereotyp eines hyperaktiven Kindes entsprechen. Stattdessen könnten sie Schwierigkeiten haben, sich zu konzentrieren, zu träumen und sich innerlich unruhig zu fühlen.

Dies kann es schwierig machen, sich auf die Arbeit zu konzentrieren, Projekte abzuschließen und die Organisation aufrechtzuerhalten. Darüber hinaus können emotionale Sensibilität, Angstzustände und ein geringes Selbstwertgefühl bei Mädchen mit ADHS häufiger auftreten.

Um die Erkrankung frühzeitig zu erkennen und die beste Behandlung einzuleiten, ist es wichtig zu verstehen, wie ADHS speziell bei Frauen auftritt.

Eltern, Betreuer und Erzieher können Frauen mit ADHS die Unterstützung geben, die sie benötigen, um schulisch, sozial und emotional erfolgreich zu sein, indem sie diese Merkmale identifizieren und entsprechende Anpassungen vornehmen.

1.2 Herausforderungen bei der Erziehung von Mädchen mit ADHS

Eltern von Mädchen mit ADHS haben besondere Schwierigkeiten, die eine genaue Beobachtung und Verständnis erfordern.

Eltern von Männern mit ADHS können auf vergleichbare Schwierigkeiten stoßen, aber in bestimmten Fällen können diese Schwierigkeiten subtiler und komplexer sein, da sich Mädchen mit ADHS auf einzigartige Weise manifestieren.

Das Risiko einer Unter- oder Fehldiagnose ist eines der Haupthindernisse.

Mädchen mit ADHS zeigen möglicherweise weniger offensichtliche Hyperaktivität und Impulsivität, sodass ihre Symptome möglicherweise unbemerkt bleiben oder mit anderen Erkrankungen wie Angstzuständen oder Stimmungsproblemen verwechselt werden.

Diese Verzögerung bei einer angemessenen Diagnose kann eine rechtzeitige Hilfe und Intervention verhindern.

Im Gegensatz zu Jungen verinnerlichen Mädchen mit ADHS ihre Schwierigkeiten möglicherweise stärker, was zu emotionalen Problemen und Problemen mit dem Selbstwertgefühl führen kann.

Aufgrund der Herausforderungen, organisiert zu bleiben, die Zeit zu kontrollieren und Aufgaben zu erledigen, könnten sie sich ängstlich und frustriert fühlen.

Eltern und Lehrer sind sich dieser internen Konflikte möglicherweise nicht immer bewusst, was das emotionale Unbehagen verschlimmern kann.

Es können auch Kommunikationsbarrieren entstehen. Für Eltern kann es schwierig sein, die Bedürfnisse und Sorgen von Mädchen mit ADHS zu erkennen, da sie ihre Schwierigkeiten möglicherweise nicht immer offen mitteilen. Dies kann zu Verwirrung und Unmut innerhalb der Familie führen.

Darüber hinaus kann die Art und Weise, wie Mädchen mit ADHS betrachtet und behandelt werden, je nach gesellschaftlichen Standards und Geschlechterrollen variieren.

Der Konformitätsdruck, der sich aus diesen Erwartungen ergeben kann, kann sich verstärken, was das Gefühl der Unzulänglichkeit und Angst verstärken kann.

Mädchen mit ADHS stellen einzigartige Erziehungsprobleme dar, die offene Kommunikation, emotionale Unterstützung und Ansätze erfordern, die auf ihre individuellen Bedürfnisse zugeschnitten sind.

Eltern können ihren Töchtern dabei helfen, ihre ADHS-Reise erfolgreich zu meistern, indem sie diese Herausforderungen identifizieren und lösen.

1.3 Früherkennung und Unterstützung

Mädchen mit ADHS brauchen Früherkennung und Unterstützung, um zu gedeihen und sich zu entwickeln.

Durch die frühzeitige Erkennung von ADHS-Symptomen können Eltern, Betreuer und Pädagogen Lösungen finden, die sich erheblich auf die schulische, soziale und emotionale Entwicklung eines Kindes auswirken können.

Da ADHS bei Frauen weniger offensichtlich auftritt, kann es schwierig sein, es zu diagnostizieren.

Die Aufmerksamkeit auf wichtige Anzeichen wie Konzentrationsschwierigkeiten, Desorganisation, Vergesslichkeit und emotionale Sensibilität kann hingegen bei der Früherkennung hilfreich sein.

Es ist wichtig, den Kontext und die Verhaltensmuster zu analysieren, anstatt sich ausschließlich auf hyperaktive Indikatoren zu verlassen.

Sobald ein Problem erkannt wurde, ist die Einholung professioneller Beratung von entscheidender Bedeutung.

Eine genaue Diagnose und geeignete Interventionen können durch ein Gespräch mit medizinischem Fachpersonal, beispielsweise einem Kinderarzt oder Kinderpsychologen, erfolgen.

Dies kann Verhaltenstherapie, akademische Veränderungen und sogar Medikamente umfassen.

Frühintervention besteht aus einer Vielzahl von Taktiken, die auf die spezifischen Bedürfnisse des Mädchens zugeschnitten sind.

Organisationstools, positive Verstärkungsmethoden und die Einrichtung strukturierter Routinen können bei der Symptombehandlung hilfreich sein.

Das emotionale Wohlbefinden des Kindes hängt auch von der Schaffung eines liebevollen familiären Umfelds ab, das ehrliche Kommunikation und Selbstdarstellung fördert.

Darüber hinaus sind Bildungsumgebungen sehr wichtig.

Durch die Zusammenarbeit mit Lehrern und anderen Mitgliedern des Schulpersonals, um einen individuellen Bildungsplan (IEP) oder einen 504-Plan zu entwickeln, kann dem Mädchen die Möglichkeit gegeben werden, die es braucht, um schulisch erfolgreich zu sein.

Eltern und Betreuer können Mädchen die Werkzeuge an die Hand geben, die sie benötigen, um mit den Problemen des Lebens umzugehen, ihre Stärken auszubauen und ihr volles Potenzial auszuschöpfen, indem sie ADHS frühzeitig erkennen und umfassende Hilfe leisten.

Trotz der durch ADHS verursachten Schwierigkeiten legt eine frühzeitige Intervention den Grundstein für einen erfolgreichen und zufriedenstellenden Weg.

ADHS bei Mädchen erkennen

2.1 Häufige Symptome und Geschlechtsunterschiede

Bei der Diagnose von ADHS bei Mädchen ist es wichtig, die typischen Symptome und Geschlechtsunterschiede zu verstehen, da sich die Symptome von ADHS bei Frauen anders darstellen als bei Jungen. Während einige Symptome bei beiden Geschlechtern gleich sind, können sich andere unterschiedlich äußern.

Mädchen mit ADHS haben häufig Schwierigkeiten, aufmerksam zu sein, lassen sich leicht ablenken, sind vergesslich, haben Probleme mit der Organisation und haben Schwierigkeiten, ihre Zeit einzuteilen.

Mädchen mit ADHS können häufig Tagträume zeigen oder Schwierigkeiten haben, Aufgaben zu erledigen. Darüber hinaus können sie äußerst empfindlich auf Kritik reagieren und ihre Beschwerden verinnerlichen, was emotional belastend wäre.

Die Unter- oder Fehldiagnose bei Mädchen mit ADHS kann auf geschlechtsspezifische Unterschiede in der Symptomdarstellung zurückgeführt werden.

Jungen sind anfälliger für Impulsivität und Hyperaktivität, die offensichtlicher sind und mit herkömmlichen Vorstellungen von ADHS übereinstimmen.

Die Unaufmerksamkeitsmuster von Mädchen hingegen machen ihre Symptome weniger offensichtlich und führen häufig dazu, dass ihre Probleme fälschlicherweise anderen Dingen als ADHS zugeschrieben werden.

Es ist wichtig zu verstehen, dass Mädchen mit ADHS möglicherweise versuchen, ihre Herausforderungen zu bewältigen, indem sie mehr als üblich arbeiten, um die Erwartungen zu erfüllen. Dadurch können ihre Probleme verschleiert und die Hilfe aufgeschoben werden, weil es ihnen in manchen Bereichen scheinbar gut geht.

Eltern, Schulen und medizinisches Fachpersonal können Mädchen mit ADHS genauer diagnostizieren und ihnen die richtige Unterstützung anbieten, wenn sie sich der vorherrschenden Symptome und geschlechtsspezifischen Unterschiede bewusst sind.

Für eine präzise Diagnose und um sicherzustellen, dass auf ihre besonderen Bedürfnisse eingegangen wird, ist es wichtig, die differenzierteren Erscheinungsformen von ADHS bei Mädchen zu erkennen.

2.2 Navigieren in der Diagnose

Eltern, Pädagogen und medizinisches Fachpersonal müssen die Diagnose ADHS bei Mädchen sorgfältig untersuchen und zusammenarbeiten, um sie zu steuern.

Der Diagnoseprozess kann bei Mädchen aufgrund der spezifischen Art und Weise, wie sich ADHS bei ihnen manifestieren kann, schwieriger sein, eine frühzeitige und präzise Identifizierung ist jedoch für eine erfolgreiche Intervention unerlässlich.

Wichtige Einblicke in das Verhalten und die Schwierigkeiten des Kindes werden oft von den Eltern und anderen Familienmitgliedern gegeben.

Medizinische Experten können eine genaue Diagnose stellen, indem sie die Symptome, Verhaltensmuster und etwaigen Sorgen des Kindes gründlich erfassen.

Es ist wichtig, den Rat eines Arztes einzuholen, der über Kenntnisse in der Beurteilung von ADHS verfügt.

In dieser Situation kann ein Kinderarzt, Kinderpsychologe oder Psychiater erforderlich sein.

Eine gründliche Beurteilung des medizinischen Hintergrunds, des Verhaltens und der schulischen Leistungen des Kindes ist häufig Teil des Diagnoseverfahrens.

Bei diesen Untersuchungen ist es wichtig, dass Eltern ihre Beobachtungen und etwaigen Sorgen offen äußern.

Bei der Beurteilung von Mädchen auf ADHS sollten Fachkräfte das gesamte Spektrum an Symptomen berücksichtigen, auch wenn einige weniger schwerwiegend sind, einschließlich Unaufmerksamkeit, Hyperaktivität und Impulsivität.

Die Zusammenarbeit mit Pädagogen kann dazu beitragen, mehr Details über das Verhalten des Kindes in verschiedenen Umgebungen, beispielsweise in der Schule, zu erfahren.

Es ist wichtig, sich daran zu erinnern, dass eine ordnungsgemäße Diagnose nicht die Etikettierung des Kindes erfordert; Vielmehr geht es darum, ihre Schwierigkeiten und Vorzüge zu identifizieren, um die richtige Art von Hilfe anbieten zu können.

Sobald eine Diagnose gestellt wurde, kann ein umfassender Behandlungsplan erstellt werden, der Verhaltenstherapien, Psychoedukation, Therapie und in bestimmten Situationen Medikamente umfassen kann.

Es braucht Zeit, Gespräche und ein gründliches Verständnis der Erfahrungen des Kindes, um die Diagnose ADHS bei Mädchen zu steuern.

Gemeinsam können Eltern und Fachkräfte sicherstellen, dass Mädchen mit ADHS die Unterstützung erhalten, die sie benötigen, um in der Schule, im sozialen Leben und emotional erfolgreich zu sein.

Eine unterstützende häusliche Umgebung schaffen

3.1 Routinen, Emotionen und Positivität

Für den Erfolg von Frauen mit ADHS ist die Schaffung einer fürsorglichen häuslichen Umgebung von entscheidender Bedeutung.

Ihr allgemeines Wohlbefinden und ihre Fähigkeit, ihre Symptome erfolgreich zu bewältigen, können durch die Entwicklung von Routinen, den Umgang mit Emotionen und die Pflege eines guten Umfelds erheblich beeinträchtigt werden.

Routinen: Insbesondere für Frauen mit ADHS bieten konsistente Routinen Struktur und Vorhersehbarkeit.

Das Erstellen täglicher Pläne für Aufgaben wie Hausaufgaben, Hausarbeiten und Freizeitaktivitäten verringert die Unsicherheit und verbessert die Konzentrations- und Organisationsfähigkeit der Schüler.

Routinen können durch den Einsatz visueller Signale wie Diagramme oder Kalender greifbarer und zugänglicher gemacht werden.

Emotionen: Mädchen mit ADHS können eine erhöhte emotionale Sensibilität und Stimmungsschwankungen aufweisen.

Fördern Sie eine offene Kommunikation über Gefühle und schaffen Sie einen Rahmen, in dem sie sich wohl fühlen, wenn sie sich ausdrücken.

Sie können starke Emotionen effektiv bewältigen, indem sie emotionale Regulierungstechniken wie tiefe Atemübungen oder Achtsamkeitsübungen erlernen.

Positivität: Die Schaffung einer unterstützenden und optimistischen Umgebung zu Hause kann Mädchen dabei helfen, sich selbstbewusster und motivierter zu fühlen.

Würdigen Sie ihre Leistungen, egal wie gering sie sind, und machen Sie auf ihre besten Qualitäten aufmerksam.

Allen Gefühlen der Frustration oder des Selbstzweifels, die aus den mit ADHS verbundenen Schwierigkeiten resultieren können, kann durch die Beibehaltung einer optimistischen Einstellung entgegengewirkt werden.

Eltern können eine häusliche Umgebung schaffen, die Mädchen mit ADHS hilft, ihre Symptome zu bewältigen und wichtige Lebenskompetenzen zu entwickeln, indem sie Routinen einführen, auf Emotionen eingehen und eine positive Einstellung fördern.

Ihre allgemeine Entwicklung und ihr Erfolg können von dieser Basis an Unterstützung und Verständnis profitieren.

Kommunikationsstrategien für Eltern und Töchter

4.1 Bindungen stärken

Eine effektive Kommunikation zwischen Eltern und ihren ADHS-Töchtern ist entscheidend für die Entwicklung gesunder Beziehungen und die Bereitstellung der notwendigen Unterstützung.

Für die Stärkung der Eltern-Tochter-Bindung ist es wichtig, ein Umfeld des Vertrauens, der Empathie und des Verständnisses zu schaffen.

Aktiv Hören: Zeigen Sie Ihrer Tochter, dass Sie ihren Standpunkt wertschätzen, indem Sie sich die Zeit nehmen, auf ihre Gedanken, Gefühle und Sorgen zu achten. Schenken Sie ihr Ihre ungeteilte Aufmerksamkeit und vermeiden Sie Einwürfe. Dies fördert einen offenen Dialog und gibt ihr gleichzeitig das Gefühl, gehört zu werden.

Empathie: Wenn Sie die Erfahrungen Ihrer Tochter verstehen und bestätigen, fühlt sie sich verstanden und bestätigt. Akzeptieren Sie ihre Herausforderungen und Gefühle, ohne ein Urteil zu fällen. Dank ihrer Empathie kann sie ihre Kämpfe und Siege in einer sicheren Umgebung besprechen.

Qualität Zeit: Nehmen Sie sich Zeit für die Interaktion mit Ihrer Tochter. Nehmen Sie an ihren Lieblingsbeschäftigungen teil und nutzen Sie die Zeit für ausführliche Gespräche. Durch Quality Time wird die Eltern-Tochter-Beziehung gestärkt und eine offene Kommunikation gefördert.

Validierung: Auch wenn Sie es vielleicht nicht ganz verstehen, bestätigen Sie ihre Erfahrungen und Gefühle. Sagen Sie ihr, dass Sie ihre Gefühle verstehen und für sie da sein werden, wenn sie sich Herausforderungen stellt.

Problem-Lösen Zusammen: Arbeiten Sie zusammen, um Antworten auf die Probleme zu finden, auf die sie stößt. Beziehen Sie sie in Gespräche über Problemlösungen und Entscheidungsprozesse ein. Sie gewinnt an Selbstvertrauen und erhält dadurch die Fähigkeit, aktiv mit ihrer ADHS umzugehen.

Geduld: Obwohl Schwierigkeiten mit ADHS beunruhigend sein können, ist Geduld von entscheidender Bedeutung. Achten Sie darauf, ihre Schwierigkeiten nicht zu verurteilen oder herunterzuspielen. Eine tolerante und verständnisvolle Haltung stärkt Ihren Rückhalt.

Aktives Zuhören, Empathie, wertvolle Zeit, Bestätigung, Problemlösung und Geduld tragen dazu bei, eine Vertrauens- und Unterstützungsbasis zwischen Eltern und Töchtern aufzubauen.

Diese Kommunikationstechniken helfen ihr, sich emotional und allgemein weiterzuentwickeln, indem sie den Weg für produktive Diskussionen über ADHS und seine Auswirkungen auf ihr Leben ebnen.

4.2 Aktives Zuhören und Dialog

Eltern und Töchter mit ADHS können einander besser verstehen, indem sie effektive Kommunikationstechniken wie aktives Zuhören und sinnvolle Gespräche anwenden.

Sie können eine Atmosphäre schaffen, in der sich Ihre Tochter wertgeschätzt, gehört und unterstützt fühlt, indem Sie ihr aktiv zuhören und eine offene Kommunikation fördern.

Aktives Zuhören bedeutet, dass Sie aufmerksam zuhören, was Ihre Tochter sagt, ohne abgelenkt oder unterbrochen zu werden.

Indem Sie Blickkontakt halten, nicken und verbal signalisieren, dass Sie dem Dialog Aufmerksamkeit schenken, können Sie Ihr Interesse zeigen.

Reagieren Sie einfühlsam auf die Gedanken und Gefühle Ihrer Tochter.

Erkennen Sie ihre Erfahrungen, indem Sie ihr Ihre eigenen Gefühle widerspiegeln. Dies zeigt, dass Sie sich ernsthaft um ihren Standpunkt kümmern.

Stellen Sie ihr offene Fragen, um sie zur Preisgabe zusätzlicher Informationen zu verleiten. Sie wird ermutigt, ihre Ideen und Gefühle als Antwort auf diese Fragen darzulegen, da sie nicht mit einem einfachen „Ja“ oder „Nein“ beantwortet werden können.

Schaffen Sie eine Umgebung ohne Kritik, in der sie sich äußern kann, ohne sich beurteilt zu fühlen. Vermeiden Sie es, sofort ein Urteil zu fällen oder unaufgefordert Ratschläge zu erteilen. Seien Sie stattdessen unvoreingenommen aufmerksam.

Fassen Sie das Gesagte zusammen oder formulieren Sie es neu, um sicherzustellen, dass Sie es richtig verstanden haben. Dies klärt mögliche Missverständnisse auf und gibt ihr die Gewissheit, dass ihre Worte ernst genommen werden.

Nachdem Sie aufmerksam zugehört haben, äußern Sie Ihre Meinung und Ihren Standpunkt. Stellen Sie sicher, dass Sie dies respektvoll und konstruktiv tun, um ein wechselseitiges Gespräch zu fördern.

Wählen Sie günstige Zeitpunkte für Interaktionen, da das Timing wichtig ist. Am besten sprechen Sie über heikle Themen, wenn Sie gestresst oder frustriert sind. Versuchen Sie stattdessen, ruhige Zeiten zu finden, in denen Sie sich beide auf das Gespräch konzentrieren können.

Sie schaffen eine solide Grundlage für eine gute Kommunikation, indem Sie Techniken des aktiven Zuhörens anwenden und eine offene Diskussion anregen.

Diese Methode verbessert nicht nur die Beziehung zu Ihrer Tochter und unterstützt ihr emotionales Wohlbefinden, sondern ermöglicht Ihnen auch, ihre Erfahrungen und Schwierigkeiten besser zu verstehen.

Bewältigung schulischer Herausforderungen

5.1 Für Bildung eintreten

Für Mädchen mit ADHS kann es äußerst schwierig sein, sich im Bildungssystem zurechtzufinden.

Um sicherzustellen, dass Ihre Tochter die Unterstützung erhält, die sie braucht, um in der Schule erfolgreich zu sein, müssen Sie sich als Eltern für ihre Bildungsbedürfnisse einsetzen.

Verstehen Sie ihre Bedürfnisse: Verbringen Sie etwas Zeit damit, herauszufinden, wie sich ADHS auf ihren Lernstil auswirkt. Bestimmen Sie die genauen Bereiche, in denen sie zusätzliche Hilfe benötigen könnte, z. B. bei der Organisation, beim Zeitmanagement oder bei der Aufmerksamkeit.

Gründen Offen Kommunikationswege mit Ausbildern: Stellen Sie eine offene Kommunikation mit ihren Lehrern und dem Schulpersonal her. Teilen Sie Details zu ihrem ADHS und den besten Bewältigungsmechanismen für sie mit. Arbeiten Sie mit ihren Lehrern zusammen, um eine Strategie zu entwickeln, die ihr zum akademischen Erfolg verhilft.

IEPs (individualisiert Bildungspläne): Arbeiten Sie bei Bedarf mit der Schule zusammen, um ein IEP zu erstellen, das speziell auf ihre Anforderungen zugeschnitten ist. Die Veränderungen, Anpassungen und Unterstützungsdienste, die sie benötigt, um akademisch erfolgreich zu sein, sind in ihrem IEP beschrieben.

504 Pläne: Eine weitere Möglichkeit besteht darin, einen 504-Plan zu verfolgen, der Anpassungen im regulären Schulumfeld ermöglicht. Dank dieser Strategie wird sie gleichberechtigten Zugang zu Bildungsmöglichkeiten, Kursmaterialien und Bewertungen haben.

Regelmäßige Check-ins: Vereinbaren Sie regelmäßige Gesprächstermine mit den Lehrern, um ihre Entwicklung und mögliche Schwierigkeiten zu besprechen. Offene Kommunikationskanäle erleichtern die schnelle Lösung von Problemen.

Überwachung der Fortschritte: Behalten Sie ihre akademische Entwicklung und alle an ihrer Lernstrategie vorgenommenen Änderungen im Auge. Da sich ihre Anforderungen im Laufe der Zeit weiterentwickeln, können Änderungen erforderlich sein.

Stärken Sie ihre Stimme: Ermutigen Sie Ihre Tochter, ihre Bedürfnisse und Vorlieben im Klassenzimmer auszudrücken. Bringen Sie ihr Selbstvertretungstechniken bei, damit sie mit zunehmender Reife mehr Kontrolle über ihre Ausbildung übernehmen kann.

Wenn Sie die Ausbildung Ihrer Tochter unterstützen, stellen Sie sicher, dass sie die Unterstützung erhält, die sie zur Überwindung von ADHS-bedingten Schwierigkeiten benötigt.

Sie geben ihr die Werkzeuge an die Hand, die sie braucht, um akademisch erfolgreich zu sein und die entscheidenden Fähigkeiten zu erwerben, die sie für lebenslanges Lernen benötigt, indem Sie eng mit Pädagogen zusammenarbeiten und sie in den Prozess einbeziehen.

5.2 Zusammenarbeit mit Schulen

Um die Bildung Ihrer Tochter zu unterstützen und Probleme im Zusammenhang mit ADHS anzugehen, ist eine effiziente Kommunikation mit ihrer Schule erforderlich.

Sie können eine unterstützende Lernumgebung schaffen, die ihren spezifischen Anforderungen gerecht wird, indem Sie eng mit Lehrern und anderen Mitgliedern des Schulpersonals zusammenarbeiten.

Offene Kommunikation: Halten Sie die Kommunikation mit dem Schulpersonal, einschließlich der Lehrer, offen. Informieren Sie sie regelmäßig über ihr Wachstum, ihre Schwierigkeiten und etwaige Änderungen ihrer Bedürfnisse. Fördern Sie eine kooperative Strategie, bei der Sie beide Ihr Wissen einbringen und ihr helfen.

Information teilen: Beschreiben Sie die Stärken und Schwierigkeiten Ihrer Tochter sowie die Einzelheiten der ADHS-Diagnose Ihrer Tochter. Dies ermöglicht es den Ausbildern, ihre Anforderungen besser zu erfassen und ihre Strategie bei Bedarf anzupassen.

Zusammenarbeiten über Methoden: Erstellen Sie gemeinsam mit Lehrern Methoden, um ihr im Unterricht zu helfen. Dies kann eine andere Sitzordnung, veränderte Aufgaben oder mehr Zeit für Hausaufgaben und Prüfungen zur Folge haben.

Nutzen Sie Technologie: Nutzen Sie die Technologie, um die Kommunikation zu erleichtern. Für die Übermittlung von Aktualisierungen und die Überprüfung ihrer Fortschritte könnten E-Mail, Nachrichtendienste und Internetplattformen hilfreich sein.

Nehmen Sie an Eltern-Lehrer-Konferenzen teil: Nehmen Sie regelmäßig an Eltern-Lehrer-Konferenzen teil, um den schulischen Fortschritt Ihres Kindes und eventuelle Probleme zu besprechen. Während dieser Treffen kann sie ihren Lernplan überprüfen und gegebenenfalls Änderungen vornehmen.

Bleiben Informiert: Machen Sie sich mit den Richtlinien und Ressourcen vertraut, die der Schule für Sonderpädagogikdienste und -unterkünfte zur Verfügung stehen. Sie sind jetzt besser gerüstet, um sich für die Bedürfnisse Ihrer Tochter einzusetzen.

Seien Sie lösungsorientiert: Gehen Sie Gespräche mit einer lösungsorientierten Perspektive an. Konzentrieren

Sie sich weiterhin auf die Zusammenarbeit, um praktikable Lösungen zu finden, die das Bildungserlebnis Ihrer Tochter verbessern.

Erkenne und Arbeit schätzen: Erkennen und schätzen Sie die Arbeit der Lehrer und des Schulpersonals bei der Unterstützung Ihrer Tochter. Eine hilfreiche Beziehung kann durch eine kooperative und optimistische Haltung gefördert werden.

Die Zusammenarbeit mit Schulen zeigt Ihr Engagement für die Bildung und das Wohlergehen Ihrer Tochter.

Durch die Förderung offener Kommunikation und Teamarbeit können Sie ein Umfeld schaffen, in dem sie akademischen Erfolg haben und wichtige Fähigkeiten zur Bewältigung ihrer ADHS-Probleme erwerben kann.

5.3 Nützliche Lerntechniken

Damit Ihre Tochter mit ADHS schulisch erfolgreich sein kann, müssen Sie sie bei der Entwicklung produktiver Lernstrategien unterstützen.

Diese Techniken können Ablenkungen reduzieren, die Konzentration steigern und ihr Lernen verbessern.

Strukturierte Lernumgebung: Richten Sie einen eigenen Lernraum ein, der ordentlich und frei von Ablenkungen ist. Stellen Sie sicher, dass sie alle benötigten Werkzeuge in der Nähe hat, um unnötige Unterbrechungen zu vermeiden.

Teilen Aufgaben hinein Kleinere, handlichere Stücke: Teilen Sie Aufgaben und Lerneinheiten in kleinere, überschaubarere Abschnitte auf. Dadurch kann sie sich nicht überfordert fühlen und sich effektiver auf die einzelnen Aufgaben konzentrieren.

Verwenden Sie visuelle Hilfsmittel: Fügen Sie visuelle Hilfsmittel wie Diagramme, Grafiken und Farbcodierungen hinzu, um das Material interessanter und einprägsamer zu machen. Mithilfe visueller Hilfsmittel könnte sie schwierige Ideen besser verstehen.

Nutzen Sie die Technologie mit Bedacht: Nutzen Sie technologische Hilfsmittel wie Anwendungen und Software, die beim Lernen und bei der Organisation helfen sollen. Diese Tools können beim Zeitmanagement, bei der Aufgabenüberwachung und beim Erstellen von Notizen hilfreich sein.

Aktiv Lerntechniken: Fördern Sie aktive Lerntaktiken wie das Zusammenfassen von Fakten in ihren eigenen Worten, das Unterrichten der Inhalte an jemand anderen oder das Erstellen von Karteikarten. Aktive Teilnahme verbessert die Bindung.

Priorisieren und planen: Bringen Sie ihr bei, wie man Dinge nach Priorität und Frist priorisiert. Planen Sie ihre Lernsitzungen und planen Sie Zeit für verschiedene Themen ein, indem Sie Tools wie To-Do-Listen oder Planer verwenden.

Nutzen Sie Bewegung: Um Langeweile zu vermeiden und die Konzentration aufrechtzuerhalten, machen Sie während der Lernphasen kurze Bewegungspausen. Ihr Gehirn kann durch Dinge wie Dehnübungen oder Gehen revitalisiert werden.

Rezension und verstärken: Ermutigen Sie die Schüler, zuvor gelernte Inhalte regelmäßig durchzugehen. Dies dient dazu, Ideen zu festigen und zu verhindern, dass sie vergessen werden.

Belohnen System: Richten Sie ein System ein, in dem sie für die Erledigung von Aktivitäten oder das Erreichen akademischer Ziele nur geringe Belohnungen erhält. Sowohl Motivation als auch Engagement können durch positive Verstärkung gesteigert werden.

Flexibilität: Seien Sie bereit, verschiedene Lernmethoden auszuprobieren, um herauszufinden, welche für sie am effektivsten sind. Erstellen Sie Taktiken, die speziell auf ihre Lernpräferenzen und ihren Lernstil zugeschnitten sind.

Indem Sie Ihrer Tochter fundierte Lerntechniken vermitteln, geben Sie ihr die Werkzeuge an die Hand, die sie benötigt, um ihre Ausbildung selbst in die Hand zu nehmen und mit den Schwierigkeiten umzugehen, die ihr ADHS mit sich bringt.

Diese Techniken verbessern nicht nur ihre akademischen Leistungen, sondern verleihen ihr auch bedeutende lebenslange Erfolgs- und Lernfähigkeiten.

Aufbau sozialer Fähigkeiten und Freundschaften

6.1 Pflege von Peer-Verbindungen

Ein entscheidender Teil der allgemeinen Entwicklung eines Mädchens sind unterstützende Freundschaften und der Erwerb hervorragender sozialer Fähigkeiten.

Für Mädchen mit ADHS erfordert die Förderung der Bindung zu Gleichaltrigen eine rücksichtsvolle Aufsicht und Unterstützung, um ihnen zu helfen, soziale Situationen erfolgreich zu meistern.

Fördern Sie positive Interaktionen: Bringen Sie Ihrer Tochter die Grundlagen positiver sozialer Interaktionen bei, z. B. aktives Zuhören, Augenkontakt halten und eine akzeptable Körpersprache verwenden. Rollenspielsituationen können ihr dabei helfen, diese Fähigkeiten zu verbessern.

Identifizieren Sie gemeinsame Interessen: Helfen Sie ihr dabei, die Interessen zu ermitteln, die sie und ihre

Kollegen teilen. Gemeinsame Interessen oder Beschäftigungen könnten als natürliches Sprungbrett für Interaktionen und die Entstehung von Freundschaften dienen.

Üben Sie Konversationsfähigkeiten: Zeigen Sie ihr, wie man Diskussionen beginnt und aufrechterhält. Ermutigen Sie sie, offene Fragen zu stellen und den Antworten anderer wirklich zuzuhören.

Konflikt Auflösung: Unterstützen Sie sie bei der Bewältigung von Meinungsverschiedenheiten oder Streitigkeiten, die sich in Freundschaften entwickeln könnten. Bringen Sie ihr bei, ihre Gefühle selbstbewusst zu kommunizieren und gleichzeitig offen für die Standpunkte anderer Menschen zu bleiben.

Gruppe Aktivitäten: Ermutigen Sie sie, an Gruppenaktivitäten oder Gruppen teilzunehmen, in denen sie andere Schüler treffen kann, die ihre Interessen teilen. Diese Umgebungen bieten die Möglichkeit, mit Menschen mit ähnlichen Interessen in Kontakt zu treten.

Empathie lehren: Helfen Sie ihr, die Gefühle anderer zu verstehen und mitzuteilen. Besprechen Sie, wie wichtig es ist, die Gefühle und Standpunkte anderer im Auge zu behalten, wenn Sie mit ihnen interagieren.

Üben Sie Selbstvertretung: Bringen Sie ihr bei, wie sie ihre Wünsche und Vorlieben in sozialen Situationen ausdrücken kann. Dadurch wird ihre Fähigkeit gestärkt, ihre Grenzen auszudrücken und die Gruppendynamik zu beeinflussen.

Gehen Sie mit gutem Beispiel voran, indem Sie positives Sozialverhalten zeigen: Seien Sie ein Vorbild, indem Sie auf eine Weise handeln, die positives Sozialverhalten fördert. Sie kann Ihr Vorbild als Orientierung für ihre eigenen Interaktionen nutzen.

Feiern Kleine Erfolge: Gratuliere ihr zu ihren Versuchen, neue Freunde zu finden. Erkennen Sie ihre Leistungen an, insbesondere wenn sie bescheidene Schritte in Richtung Freundschaft darstellen.

Geduld: Freundschaften brauchen Zeit, um sich zu entwickeln, und Rückschläge sind häufig. Erinnern Sie sie daran, geduldig zu sein und dass tiefe Bindungen Zeit brauchen, um sich zu bilden.

Mädchen mit ADHS die sozialen Fähigkeiten zu vermitteln, die sie benötigen, und gleichzeitig eine fürsorgliche und verständnisvolle Atmosphäre zu schaffen, kann ihnen dabei helfen, Beziehungen zu Gleichaltrigen aufzubauen.

Sie können ihr dabei helfen, die sozialen Fähigkeiten und das Selbstvertrauen zu erwerben, die sie braucht, um für den Rest ihres Lebens erfüllende Kontakte zu knüpfen, indem Sie angenehme Interaktionen und Freundschaften fördern.

6.2 Bewältigung gesellschaftlicher Herausforderungen

Mädchen mit ADHS können besondere soziale Schwierigkeiten haben, die Verständnis, Führung und Unterstützung erfordern.

Indem wir ihnen dabei helfen, eine soziale Situationsstrategie zu entwickeln, können sie diese Hindernisse überwinden.

Soziales Bewusstsein: Bringen Sie Ihrer Tochter bei, soziale Signale, Körpersprache und nonverbale Kommunikation zu erkennen. Besprechen Sie, wie sie diese Hinweise nutzen kann, um die Absichten und Gefühle anderer zu ermitteln.

Freundschaftsdynamik: Helfen Sie ihr zu verstehen, wie Freundschaften funktionieren, und betonen Sie den Wert von Gegenseitigkeit, gemeinsamen Interessen und Vertrauen. Sprechen Sie darüber, was es bedeutet, ein verlässlicher und unterstützender Freund zu sein.

moderierende Impulsivität: Helfen Sie ihr dabei, impulsives Verhalten in sozialen Situationen zu mäßigen. Bringen Sie ihr bei, über ihren nächsten Schritt nachzudenken, bevor sie handelt oder auf Umstände reagiert.

Lesekontext: Ermutigen Sie sie, beim Lesen den Kontext von Diskussionen und sozialen Interaktionen zu berücksichtigen. Besprechen Sie, wie unterschiedliche Situationen unterschiedliche Grade an Formalität und angemessenem Verhalten erfordern können.

Umgang mit Ablehnung: Bereiten Sie sie auf die Aussicht vor, abgelehnt zu werden oder soziales Versagen zu erleben. Sprechen Sie darüber, wie Sie mit Enttäuschungen umgehen und angesichts von Schwierigkeiten Standhaftigkeit fördern können.

Probleme lösen: Unterstützen Sie sie beim Erwerb sozialer, situativer Problemlösungsfähigkeiten. Ermutigen Sie sie, bei Streitigkeiten oder Missverständnissen mehrere Optionen in Betracht zu ziehen.

Rolle-Spielen: Nehmen Sie an Rollenspielszenarien teil, damit sie üben kann, auf verschiedene soziale Situationen zu reagieren. Geben Sie ihr hilfreiche Kritik und Hinweise, um ihre sozialen Fähigkeiten zu verbessern.

Selbstwertgefühl und Selbstvertrauen: Steigern Sie ihr Selbstwertgefühl, indem Sie ihre Stärken und Erfolge hervorheben. Sie kann soziale Situationen mit einer angenehmen Einstellung angehen, wenn sie Selbstvertrauen hat.

Erkennen Stärken: Helfen Sie ihr dabei, ihre eigenen besonderen Talente und Stärken zu erkennen. Durch dieses Selbstbewusstsein kann ihr Selbstwertgefühl gestärkt werden, was es ihr auch ermöglicht, in sozialen Situationen sie selbst zu sein.

Hilfe suchen: Ermutigen Sie sie, Hilfe von vertrauenswürdigen Erwachsenen wie Eltern, Lehrern oder Beratern zu suchen, wenn sie Schwierigkeiten hat und nicht weiß, wie sie damit umgehen soll.

Die Entwicklung der sozialen Fähigkeiten und der Perspektive Ihrer Tochter ist ein entscheidender Faktor bei der Bewältigung sozialer Probleme.

Indem Sie diese Probleme proaktiv angehen und Unterstützung anbieten, geben Sie ihr die Werkzeuge an die Hand, die sie braucht, um tiefe Kontakte zu knüpfen und die sozialen Fähigkeiten zu erwerben, die sie braucht, um erfolgreich zu sein.

Umgang mit ADHS-Symptomen und -Verhalten

7.1 Verhaltenstechniken

Eine wirksame Behandlung von ADHS-Symptomen und -Verhaltensweisen erfordert eine Kombination von Methoden, die Ihrer Tochter dabei helfen können, alltägliche Hindernisse zu überwinden und Selbstbeherrschung zu erlangen.

Ein strukturierteres und organisierteres Leben kann durch die Anwendung von Verhaltensmethoden erleichtert werden.

Positive Verstärkung: Nutzen Sie positive Verstärkung, um wünschenswerte Handlungen zu fördern. Wenn sie ihre Pflichten erfolgreich erfüllt, sich an Routinen hält oder Selbstbeherrschung zeigt, geben Sie ihr Preise oder Lob.

Setzen Sie klare Erwartungen: Stellen Sie klare und vernünftige Erwartungen an ihr Verhalten auf. Achten Sie darauf, Regeln und Strafen klar auszudrücken und konsequent durchzusetzen.

Visuelle Fahrpläne: Visuelle Zeitpläne oder Diagramme können Routinen und Aufgaben konkret ausdrücken. Mithilfe visueller Signale kann sie Erwartungen antizipieren und verstehen.

Jobs aufteilen: Bringen Sie ihr bei, wie man große Aufgaben in kleinere, machbarere Schritte aufteilt. Diese Methode hilft ihr, sich nicht überfordert zu fühlen und ihre Aufmerksamkeit immer auf eine Sache zu richten.

Zeitmanagementstrategien: Um ihr dabei zu helfen, bei der Sache zu bleiben und ihre Zeit richtig einzuteilen, führen Sie Zeitmanagementstrategien ein, wie z. B. die Verwendung von Timern, Alarmen oder Erinnerungen.

Selbstüberwachung: Ermutigen Sie sie, den Überblick über ihre eigenen Fortschritte und Handlungen zu behalten. Durch die Selbstbeobachtung wird sie sich ihres Verhaltens bewusster und erkennt dadurch auch Bereiche, in denen sie sich verbessern kann.

Verhaltensverträge: Arbeiten Sie gemeinsam daran, Verhaltensverträge zu erstellen, die bestimmte Ziele und Belohnungen beschreiben. Diese Vereinbarungen bieten

Orientierung und Inspiration für nachhaltige, nutzbringende Maßnahmen.

Strategien kopieren: Bringen Sie ihr Bewältigungsmethoden für den Umgang mit Impulsivität, Frustration und emotionalen Problemen bei. Sie kann ihre Emotionen kontrollieren, indem sie Achtsamkeit übt, Atemübungen macht oder kurze Pausen einlegt.

Konsistenz: Wenn es darum geht, Ansätze zur Verhaltensänderung anzuwenden, ist Konsistenz unerlässlich. Um einen konsistenten Arbeitsplatz zu schaffen, müssen Sie Ihre Erwartungen, Richtlinien und Belohnungen einhalten.

Modellieren: Erstellen Sie ein Modell des Verhaltens, das Sie sehen möchten. Um ein gutes Beispiel zu geben, zeigen Sie Disziplin, Selbstbeherrschung und Struktur in Ihrem eigenen Verhalten.

Sie geben Ihrer Tochter nützliche Werkzeuge zur Kontrolle ihrer ADHS-Symptome und ihres Verhaltens, indem Sie Verhaltensmanagementansätze anwenden.

Diese Techniken geben ihr die Kraft, Selbstbeherrschung, Verantwortungsbewusstsein und effiziente Problemlösungstechniken zu entwickeln und befähigen sie, in einer Vielzahl von Bereichen ihres Lebens erfolgreich zu sein.

7.2 Umgang mit Impulsivität und Emotionen

Mädchen mit ADHS müssen lernen, ihre Impulsivität zu kontrollieren und mit ihren Emotionen umzugehen, wenn sie in ihrem täglichen Leben erfolgreich sein wollen. Die Fähigkeit, impulsives Verhalten und Emotionen zu kontrollieren, hilft Menschen, bewusste Entscheidungen zu treffen und emotionale Stabilität zu bewahren.

Bringen Sie Ihrer Tochter bei, die Dinge gründlich zu durchdenken, bevor sie vorschnell handelt. Ermutigen Sie sie, innezuhalten und über die möglichen Auswirkungen ihres Handelns nachzudenken.

Das Üben des schnellen Tricks, bis 10 zu zählen, kann ihr den nötigen Freiraum verschaffen, um über ihre Reaktion nachzudenken, bevor sie vorschnell handelt.

Wenn Sie Auslöser identifizieren, können Sie ihr dabei helfen, die Umstände, Gefühle oder anderen Faktoren zu identifizieren, die impulsives Verhalten auslösen können. Dank ihrer Selbstwahrnehmung ist sie in der Lage, impulsives Verhalten vorherzusehen und zu kontrollieren.

Führen Sie Achtsamkeitstechniken ein, die das Selbstbewusstsein und die emotionale Kontrolle unterstützen. Sie kann ihren Fokus aufrechterhalten, indem sie Methoden wie tiefes Atmen und Erdungsübungen anwendet.

Ermutigen Sie sie, die Situation zunächst zu durchdenken, bevor sie sich überstürzt verhält. Sprechen Sie über verschiedene Ansätze zum Umgang mit Umständen, die impulsive Reaktionen hervorrufen.

Bringen Sie ihr geeignete Methoden bei, um ihre Gefühle auszudrücken. Fördern Sie eine ehrliche Diskussion über Emotionen und geben Sie Ratschläge zu geeigneten Kanälen für den emotionalen Ausdruck.

Das Führen eines Tagebuchs kann eine gute Möglichkeit sein, mit Emotionen umzugehen und über vorschnelle

Entscheidungen nachzudenken. Es bietet einen abgeschiedenen Rahmen zum Nachdenken über Ideen und Emotionen.

Ermutigen Sie sie, Unterstützung von einem zuverlässigen Erwachsenen, Freund oder Berater zu suchen, wenn sie Schwierigkeiten hat, ihr impulsives Verhalten oder ihre starken Emotionen zu kontrollieren.

Üben Sie sich in Geduld, denn es braucht Zeit, um Selbstbeherrschung zu erlernen. Erinnern Sie sie daran, dass Wachstum ein Prozess ist und dass es akzeptabel ist, auf dem Weg dorthin Rückschläge zu erleiden.

Feiern Sie ihre Erfolge bei der Kontrolle ihrer Impulsivität und Emotionen. Loben Sie sie dafür, dass sie versucht, sich zum Besseren zu verändern.

Es braucht Zeit und Übung, um zu lernen, Impulsivität und Emotionen zu kontrollieren.

Sie können Ihrer Tochter die Werkzeuge an die Hand geben, die sie braucht, um kluge Entscheidungen zu treffen, mit schwierigen Umständen umzugehen und das emotionale Gleichgewicht aufrechtzuerhalten, indem Sie ihr geeignete Bewältigungstechniken beibringen.

Hormonelle Veränderungen und Menstruation

8.1 Auswirkungen auf ADHS-Symptome

Menstruation und hormonelle Veränderungen können die Art und Weise beeinflussen, wie ADHS-Symptome bei Frauen auftreten.

Es ist unerlässlich, die möglichen Auswirkungen hormoneller Veränderungen zu verstehen, um in diesen Zeiten des Wandels die richtige Unterstützung zu bieten.

Durch hormonelle Veränderungen kann es zu einer erhöhten emotionalen Sensibilität und zu Stimmungsschwankungen kommen. Während ihrer Periode können Mädchen mit ADHS intensivere emotionale Reaktionen zeigen.

Hormonelle Veränderungen können für die erhöhte Unaufmerksamkeit und Konzentrationsschwierigkeiten verantwortlich sein. Sowohl die akademischen

Leistungen als auch die täglichen Aufgaben können dadurch beeinträchtigt werden.

Mädchen mit ADHS haben möglicherweise größere Probleme, ihre Emotionen zu kontrollieren, wenn sich ihr Hormonspiegel ändert. Dies kann zu Stimmungsschwankungen und Schwierigkeiten bei der Kontrolle von Frustration führen.

Organisation, Planung und Zeitmanagement sind Beispiele für exekutive Fähigkeiten, die durch hormonelle Veränderungen beeinträchtigt werden können. In diesen Zeiten kann es notwendig sein, Anpassungen an den Standardmethoden zur Behandlung von ADHS-Symptomen vorzunehmen.

Bringen Sie Ihrer Tochter bei, wie wichtig es ist, auf sich selbst zu achten, wenn sich ihre Hormone ändern. Ermutigen Sie sie, Wert auf ausreichend Schlaf, gesunde Ernährung und Stressbewältigung zu legen.

Führen Sie ein offenes Gespräch mit ihr über ihre Menstruationserfahrungen und Veränderungen in ihrem Hormonhaushalt. Sprechen Sie über etwaige Veränderungen ihrer Symptome oder mögliche Schwierigkeiten.

Seien Sie in Zeiten von Hormonschwankungen bereit, Ihre Pläne und Unterstützungstechniken zu ändern. Sie kann ihre ADHS-Symptome möglicherweise besser kontrollieren, wenn sie eine flexible Strategie anwendet.

Helfen Sie ihr, ihren Menstruationszyklus zu überwachen und etwaige Muster bei Symptomveränderungen zu notieren. Dieses Wissen kann bei der Symptomprävention und -behandlung hilfreich sein.

Erwägen Sie, ärztlichen Rat einzuholen, wenn hormonelle Veränderungen einen großen Einfluss auf die Gesundheit der Frau und ihre Fähigkeit haben, ihre ADHS-Symptome zu kontrollieren. Sie können Ratschläge zu möglichen Interventionen geben.

Sie und Ihre Tochter können diese Übergänge besser bewältigen, wenn Sie sich der möglichen Auswirkungen hormoneller Schwankungen auf die ADHS-Symptome bewusst sind.

Sie können ihr dabei helfen, diese Veränderungen zu bewältigen und trotz der damit verbundenen Schwierigkeiten erfolgreich zu sein, indem Sie ihr

Unterstützung anbieten und eine offene Kommunikation fördern.

8.2 Unterstützung während der Pubertät

Mädchen mit ADHS müssen bei der Bewältigung der Pubertätsschwierigkeiten unterstützt werden, wenn sie ihr allgemeines Wohlbefinden und Selbstwertgefühl bewahren wollen.

Es ist von entscheidender Bedeutung, ihnen Orientierung und ein nährendes Umfeld zu bieten, während ihr Körper große Veränderungen durchmacht, um ihnen zu helfen, diese Anpassungsphase zu überstehen.

Aufklärung: Informieren Sie Kinder altersgerecht über die mentalen und emotionalen Veränderungen, die während der Pubertät stattfinden. Stellen Sie sicher, dass sie weiß, was sie erwartet, und beseitigen Sie jegliche Unsicherheit oder Angst.

Halten Sie die Kommunikation zu Pubertätsthemen offen und ehrlich. Ermutigen Sie sie, alle Fragen oder Sorgen zu äußern, die sie möglicherweise hat.

Helfen Sie ihr, einen Selbstpflegeplan zu entwickeln, der gute Körperpflege, Hautpflege und die Aufrechterhaltung eines gesunden Lebensstils umfasst. Diese Praktiken fördern Selbstsicherheit und Wohlbefinden.

Positives Körperbild: Betonen Sie die Bedeutung einer positiven Einstellung zum eigenen Körper. Besprechen Sie, wie der Körper jedes Menschen auf einzigartige Weise wächst und dass Veränderungen während der Pubertät normal sind.

Unterstützung für Emotionen: Die Pubertät kann emotionale Höhen und Tiefen verursachen. Bieten Sie emotionale Unterstützung, indem Sie ihre Gefühle anerkennen und eine sichere Umgebung schaffen, in der sie diese ausdrücken kann.

Besprechen Sie mögliche Veränderungen in Freundschaften und sozialen Dynamiken, die während der Pubertät stattfinden könnten. Ermutigen Sie sie, positive Beziehungen aufrechtzuerhalten und eventuell auftretende Schwierigkeiten zu bewältigen.

Feiern Sie ihre Erfolge und Stärken, um ihr Selbstwertgefühl zu steigern. Achten Sie auf ihre

Fähigkeiten und Eigenschaften und nicht nur auf ihr Aussehen.

Bringen Sie ihr Bewältigungsstrategien bei, damit sie mit Stress und emotionalen Schwierigkeiten umgehen kann. Zu den wirksamen Techniken gehören Atemübungen, Achtsamkeit und das Bitten um Hilfe von zuverlässigen Menschen.

Ziehen Sie in Betracht, einen Gesundheitsexperten aufzusuchen, wenn Bedenken hinsichtlich pubertätsbedingter Veränderungen auftauchen. Sie können Ratschläge geben und sich um alle medizinischen Anliegen und Probleme kümmern.

Ermutigen Sie sie, ihre Selbstfürsorgeroutinen selbst in die Hand zu nehmen und kluge Gesundheitsentscheidungen zu treffen, um [die Unabhängigkeit zu fördern]. Sie ist besser in der Lage, ihr Wohlbefinden selbstbewusster zu kontrollieren, indem sie die Unabhängigkeit fördert.

Sie können Ihrer Tochter mit ADHS dabei helfen, die Herausforderungen der Pubertät erfolgreich zu meistern, indem Sie ihr Unterstützung, Anleitung und offene Kommunikation bieten.

Ihr Selbstbild wird stark von Ihrem Mitgefühl und Ihrer Unterstützung geprägt, die ihr auch dabei helfen, sich auf die Veränderungen vorzubereiten, die das Erwachsenwerden mit sich bringt.

8.3 Umgang mit emotionalen Veränderungen

Beim Umgang mit emotionalen Veränderungen, die bei Mädchen mit ADHS während der Pubertät auftreten, ist ein einfühlsamer und ermutigender Ansatz erforderlich.

Ihnen Orientierung und Verständnis zu geben, kann ihnen helfen, mit ihren Emotionen umzugehen und ihr emotionales Wohlbefinden zu bewahren, da hormonelle Veränderungen einen Einfluss auf ihre Emotionen haben.

Erklären Sie, dass es typisch ist, im Jugendalter eine Vielzahl von Emotionen zu empfinden. Helfen Sie ihr zu erkennen, dass Stimmungsschwankungen ein normaler Bestandteil dieser Phase sind.

Offene Kommunikation: Schaffen Sie eine Umgebung, in der sie sich wohl fühlt, wenn sie über ihre Gefühle spricht. Ermutigen Sie sie, ihre Gefühle und Sorgen offen auszudrücken.

Bitte unterstützen Sie sie dabei, ihre Gefühle zu erkennen und zu benennen. Um ihr dabei zu helfen, ihre Gefühle zu verstehen und auszudrücken, sprechen Sie über verschiedene Emotionen und nennen Sie Beispiele.

Bringen Sie ihr wirksame Bewältigungsmechanismen bei, damit sie ihre starken Emotionen kontrollieren kann. Sie kann emotionale Schwankungen bewältigen, indem sie Atemübungen macht, Tagebuch schreibt und kreative Dinge tut.

Ermutigen Sie sie, an Aktivitäten teilzunehmen, die ihr Spaß machen, damit sie konstruktive Ventile für ihre Gefühle findet. Aktivitäten wie Hobbys, Sport und kreative Unternehmungen können als starke Mechanismen zur emotionalen Entspannung dienen.

Gefühle bestätigen: Lassen Sie sie wissen, dass Ihr Verständnis und Ihre Gültigkeit ihrer Gefühle geschätzt werden. Minimieren oder vernachlässigen Sie ihre Gefühle nicht.

Führen Sie Achtsamkeitsübungen ein, um ihr zu helfen, sich der Gegenwart bewusst zu bleiben und ihre Emotionen zu kontrollieren. Achtsamkeitsübungen können das emotionale Bewusstsein und die Kontrolle verbessern.

Lassen Sie sie wissen, dass es ein Zeichen der Stärke ist, um Hilfe zu bitten. Wenn sie Schwierigkeiten hat, mit starken Emotionen umzugehen, ermutigen Sie sie, mit einem vertrauenswürdigen Erwachsenen zu sprechen, zum Beispiel ihren Eltern, Lehrern oder einem Berater.

Erstellen Sie eine Routine. Ein Gefühl der Beständigkeit, das das emotionale Wohlbefinden in Zeiten des Wandels fördert, kann durch die Festlegung eines regelmäßigen Tagesablaufs erreicht werden.

Fördern Sie die Selbstfürsorge, indem Sie ihr beibringen, wie wichtig es ist, ausreichend zu schlafen, sich ausgewogen zu ernähren und regelmäßig Sport zu treiben. Die emotionale Gesundheit kann durch einen ausgewogenen Lebensstil positiv beeinflusst werden.

Sie geben Ihrer Tochter die Werkzeuge, die sie braucht, um mit den emotionalen Höhen und Tiefen der Pubertät umzugehen, indem Sie offen über emotionale Veränderungen sprechen und praktische Bewältigungsmechanismen anbieten.

Sie braucht Ihre Hilfe, wenn sie in dieser Transformationsphase emotionale Stärke aufbauen und ein positives Selbstbild bewahren will.

Koexistierende Bedingungen

9.1 ADHS und Angst

Eine häufige Kombination gleichzeitig auftretender Störungen mit ADHS ist Angstzustände. Um Ihrer Tochter eine umfassende Betreuung zu bieten und ihren Ansprüchen gerecht zu werden, ist es wichtig zu verstehen, wie diese beiden Krankheiten zusammenwirken.

Erkennen Sie die Überschneidung: Aufgrund der Überschneidung zwischen beiden kann es schwierig sein, zwischen ADHS und Angstsymptomen zu unterscheiden. Durch ADHS verursachte Impulsivität und Unaufmerksamkeit können bei ängstlichen Gefühlen und Handlungen eine Rolle spielen.

Identifizieren Sie Auslöser: Helfen Sie Ihrer Tochter dabei, die Auslöser zu identifizieren, die ihre Angst verstärken. Akademischer Druck, soziale Rahmenbedingungen oder Routineanpassungen sind einige Beispiele für diese Auslöser.

Geist-Körper-Verbindung: Beschreiben Sie ihr, wie nervöse Gedanken körperliche Symptome verursachen können. Bringen Sie ihr Achtsamkeitsaktivitäten, Atemübungen oder Entspannungstechniken bei, um Angstsymptome zu kontrollieren.

Fördern Sie eine offene Kommunikation: Bieten Sie ihr eine angenehme Umgebung, in der sie ihre angstbedingten Sorgen äußern kann. Damit Sie ihre Erfahrungen nachvollziehen und die richtige Unterstützung anbieten können, fördern Sie ein offenes Gespräch.

Implementieren Sie Strategien zur Stressreduzierung: Bringen Sie ihr Stressreduzierungspraktiken bei, um ihr beim Umgang mit Ängsten zu helfen. Bewegung, Hobbys, Zeit im Freien und entspannende Aktivitäten sind einige Beispiele für diese Taktiken.

Strukturierter Zeitplan: Ein Zeitplan kann Ihnen helfen, Ihre Angst- und ADHS-Symptome zu kontrollieren. Bestimmte Unsicherheitsgrade, die Angst verursachen, können durch Vorhersehbarkeit verringert werden.

Professioneller Support: Wenn die Angst Ihres geliebten Menschen Ihren Alltag ernsthaft beeinträchtigt, denken Sie darüber nach, professionelle Unterstützung in Anspruch zu nehmen. Ein Spezialist für psychische Gesundheit kann ihr Lösungen anbieten, die zu ihren Anforderungen passen.

Kognitive Verhaltenstherapie (CBT): CBT hat sich bei der Behandlung von ADHS und Angstzuständen als nützlich erwiesen. Es hilft ihr dabei, Bewältigungsmechanismen zu entwickeln und ihre negativen Gedankenmuster neu zu definieren.

Berücksichtigung von Medikamenten: Unter bestimmten Umständen kann die Einnahme von Medikamenten zur Behandlung der Symptome von ADHS und Angstzuständen ratsam sein. Um die beste Vorgehensweise zu wählen, konsultieren Sie medizinische Experten.

Ganzheitlicher Ansatz: Nehmen Sie eine ganzheitliche Strategie an, indem Sie ihr ADHS und ihre Angstzustände als miteinander verbundene Aspekte ihres allgemeinen Wohlbefindens behandeln. Durch eine umfassende Behandlung beider Krankheiten können Sie ihr zum Gedeihen verhelfen.

Sie können gezielte Unterstützung bei beiden Erkrankungen leisten, wenn Sie wissen, wie ADHS und Angst zusammenwirken.

Sie können das allgemeine geistige und emotionale Wohlbefinden Ihrer Tochter unterstützen, indem Sie sie mit Bewältigungsstrategien ausstatten, sie ermutigen, bei Bedarf professionellen Rat einzuholen, und ihr beibringen, mit Angstzuständen und ADHS-Symptomen umzugehen.

9.2 Depression und Behandlung

Ein weiteres Problem, das Mädchen mit ADHS betreffen könnte, ist Depression. Um ihre psychische Gesundheit zu gewährleisten und ihr umfassende Unterstützung zu bieten, ist es wichtig, die Symptome einer Depression zu erkennen und eine geeignete Therapie in Anspruch zu nehmen.

Zeichen erkennen: Achten Sie auf die Symptome einer Depression, zu denen chronische Melancholie, ein Verlust des Interesses an früher geliebten Hobbys, Anpassungen des Ess- oder Schlafverhaltens und Gedanken der Hoffnungslosigkeit gehören.

Offenes Gespräch: Ermutigen Sie zu einem offenen Gespräch über ihre Emotionen und Gefühle. Schaffen Sie eine sichere Umgebung, in der sie allen Kummer zum Ausdruck bringen kann, den sie möglicherweise empfindet.

Professionelle Beurteilung: Wenn Sie glauben, dass Sie depressiv sein könnten, holen Sie eine professionelle Meinung ein. Der Zustand kann identifiziert und die beste Behandlungsmethode von einem Spezialisten für psychische Gesundheit vorgeschlagen werden.

Therapeutische Interventionen: CBT zum Beispiel ist eine Behandlungsform, die sich bei der Behandlung von Depressionen als nützlich erwiesen hat. Sie entwickelt Bewältigungsmechanismen und ist dank kognitiver Verhaltenstherapie in der Lage, negative Gedankenmuster zu erkennen.

Medikamente: Im Rahmen ihrer Strategie zur Behandlung von Depressionen können gelegentlich Medikamente empfohlen werden. Sprechen Sie mit medizinischen Experten, um die Vor- und Nachteile zu besprechen.

Unterstützungsnetzwerk: Stellen Sie sicher, dass sie über ein zuverlässiges Netzwerk von Freunden und Familie verfügt. In schwierigen Zeiten können Freunde, Familie, Ausbilder und Berater emotionale Unterstützung bieten.

Selbstpflege: Bringen Sie ihr bei, wie wichtig Selbstfürsorge im Umgang mit Depressionen ist. Fördern Sie gesunde Verhaltensweisen wie Sport treiben, Hobbys nachgehen und Zeit mit Ihren Lieben verbringen.

Ganzheitlicher Ansatz: Eine ganzheitliche Strategie ist erforderlich, um sowohl ADHS als auch Depressionen anzugehen. Die umfassende Behandlung beider Krankheiten verbessert ihre allgemeine Lebensqualität.

Überwachung der Fortschritte: Behalten Sie ihre Entwicklung im Auge, während sie behandelt wird. Bewerten Sie regelmäßig ihre Reaktion auf Interventionen und ändern Sie die Behandlungsstrategie bei Bedarf.

Sicherheit zuerst: Priorisieren Sie ihre Sicherheit und holen Sie sich umgehend medizinische Hilfe, wenn Sie sich aufgrund depressiver Gedanken oder Handlungen jemals Sorgen um ihre Sicherheit machen.

Für das geistige und emotionale Wohlbefinden Ihrer Tochter ist es entscheidend, neben ADHS auch Depressionen zu erkennen und zu behandeln.

Sie tragen zu ihrem Wohlbefinden bei und unterstützen sie bei der Überwindung der durch diese Begleiterkrankungen verursachten Schwierigkeiten, indem Sie professionellen Rat einholen, emotionale Unterstützung anbieten und zur Selbstfürsorge ermutigen.

Mädchen mit ADHS stärken

10.1 Selbstwertgefühl und Unabhängigkeit

Mädchen mit ADHS können gestärkt werden, indem sie ihr Selbstvertrauen stärken, ihre Unabhängigkeit fördern und sie bei der Verwirklichung ihrer individuellen Talente unterstützen. Sie können Kindern dabei helfen, Selbstvertrauen zu entwickeln und in verschiedenen Bereichen ihres Lebens erfolgreich zu sein, indem Sie ihnen die richtige Richtung und Ermutigung geben.

Erkennen und schätzen Sie ihre Leistungen, egal wie bescheiden sie auch sein mögen. Ihr Selbstwertgefühl wird gestärkt und sie wird durch ermutigendes Feedback dazu inspiriert, weiter an ihren Zielen zu arbeiten.

Konzentrieren Sie sich auf ihre Stärken, indem Sie ihr dabei helfen, ihre Fähigkeiten zu erkennen. Betonen Sie unbedingt, dass diese Eigenschaften sie besonders und vielversprechend machen.

Ermutigen Sie sie, erreichbare Ziele zu entwickeln, die mit ihren Fähigkeiten und Interessen vereinbar sind. Sie gewinnt an Selbstvertrauen und fühlt sich erfolgreicher, wenn sie ihre Ziele erreicht.

Bringen Sie ihr Problemlösungstechniken bei, damit sie Hindernisse direkt überwinden kann. Ermutigen Sie dazu, Lösungen zu finden, anstatt sich in Fehlern zu suhlen.

Ermutigen Sie sie, Entscheidungen zu treffen und Verantwortung für ihre Handlungen zu übernehmen. Dies fördert ein Gefühl der Autonomie und Verantwortlichkeit.

Ermutigen Sie sie, für sich selbst zu sprechen, sei es im Klassenzimmer, im sozialen Kontext oder im medizinischen Umfeld. Sie ist besser in der Lage zu kommunizieren und erhält die Unterstützung, die sie aufgrund ihrer Selbstvertretung benötigt.

Bieten Sie Richtung an, nicht Kontrolle: Geben Sie Ratschläge, ohne ihr Entscheidungen zu diktieren. Respektieren Sie ihre Unabhängigkeit und geben Sie ihr gleichzeitig Orientierung und Perspektive.

Bringen Sie ihr bei, Fehler als notwendigen Bestandteil des Lernens zu akzeptieren. Ermutigen Sie sie, aus Fehlern Lehren zu ziehen und sie als Wachstumschancen zu sehen.

Fördern Sie die Widerstandsfähigkeit, indem Sie ihre Bedeutung angesichts von Schwierigkeiten hervorheben. Ihre Fähigkeit, Misserfolge zu überwinden und ihre Ambitionen fortzusetzen, ist das Ergebnis ihrer Widerstandsfähigkeit.

Schaffen Sie einen sicheren Raum, in dem sie Risiken eingehen und ihr volles Potenzial entfalten kann, indem Sie ein unterstützendes Umfeld schaffen. Ihre unermüdliche Unterstützung inspiriert sie dazu, ihre Komfortzone zu verlassen.

Ihre Tochter mit ADHS kann ihre Fähigkeiten voll ausschöpfen und der Welt mit Selbstvertrauen begegnen, wenn Sie Wert darauf legen, ihr Selbstwertgefühl zu stärken, ihre Unabhängigkeit zu fördern und ihre individuellen Stärken zu fördern.

Ihre Anleitung legt den Grundstein für ihre eigene Entwicklung und befähigt sie, sich Herausforderungen zu stellen und gleichzeitig ihre Einzigartigkeit zu akzeptieren.

10.2 Selbstvertretung und Talente

Mädchen mit ADHS können gestärkt werden, indem man ihnen Techniken zur Selbstvertretung beibringt und sie dabei unterstützt, ihre besonderen Stärken zu erkennen und zu fördern.

Sie bringen sie auf den Weg zur Selbstfindung und zum Erfolg, indem Sie ihre Fähigkeit fördern, für sich selbst einzustehen und ihre Talente hervorzuheben.

Helfen Sie ihr, ihre ADHS-Diagnose und deren Auswirkungen auf sie zu verstehen, indem Sie ihr Informationen über die Störung bereitstellen. Dank ihres Wissens kann sie ihre Forderungen gegenüber anderen artikulieren.

Helfen Sie ihr, Lehrern, Mitschülern und anderen Erwachsenen ihre Wünsche, Vorlieben und Schwierigkeiten mitzuteilen, indem Sie ihr geeignete Kommunikationstechniken beibringen. Rollenspielübungen können Ihnen helfen, diese Fähigkeiten zu verbessern.

Arbeiten Sie gemeinsam daran, die Unterkünfte zu finden, die ihr beim Lernen und Wohlbefinden helfen.

Dies kann aus zusätzlicher Zeit für Aufgaben, bevorzugten Sitzplätzen oder anderen Änderungen bestehen.

Ermutigen Sie sie, ihre Ideen und Meinungen selbstbewusst zu kommunizieren, indem Sie den Satz „Selbstdarstellung fördern“ verwenden. Ihre Fähigkeit, für sich selbst einzutreten, wird verbessert, indem sie einen Raum schafft, in dem ihre Stimme geschätzt wird.

Persönliche Talente erkennen: Helfen Sie ihr dabei, ihre besonderen Fähigkeiten und Leidenschaften zu erkennen. Sie fühlt sich selbstbewusster und gibt sich ein Gefühl der Zielstrebigkeit, wenn sie diesen Leidenschaften nachgeht.

Unterstützen Sie sie dabei, sich den Interessen und Beschäftigungen zu widmen, die sie erfüllend findet. Ihr Selbstvertrauen und ihr Erfolgserlebnis können zunehmen, wenn sie sich an Dingen beteiligt, die ihr Spaß machen.

Legen Sie gemeinsam kurz- und langfristige Ziele fest, die auf ihren Fähigkeiten und Interessen basieren. Erfolgserlebnisse werden durch das Setzen und Erreichen von Zielen gefördert.

Finden Sie Möglichkeiten, ihre Talente unter Beweis zu stellen, indem Sie danach suchen. Durch die Teilnahme an Wettbewerben, Auftritten oder Projekten kann sie glänzen und ihr Selbstvertrauen stärken.

Fordern Sie einschränkende Überzeugungen heraus: Helfen Sie ihr dabei, eventuelle selbstbegrenzende Vorstellungen zu zerstreuen. Ermutigen Sie sie, Risiken einzugehen und an ihre Fähigkeiten zu glauben.

Feiern Sie alle ihre Erfolge, egal wie bedeutend sie auch sein mögen. Ihre Bemühungen und Fähigkeiten zur Selbstvertretung werden durch positive Verstärkung gestärkt.

Sie können Ihrer Tochter mit ADHS das Selbstvertrauen und die Zielstrebigkeit geben, die sie braucht, um durch die Welt zu gehen, indem Sie ihre Fähigkeiten zur Selbstvertretung fördern und ihr dabei helfen, ihre Gaben zu entdecken.

Durch Ihr Coaching steht Ihnen eine erfüllende und erfolgreiche Reise bevor, die es ihr ermöglicht, ihre besonderen Eigenschaften selbstbewusst zu teilen und für ihre Ansprüche zu kämpfen.

Pflege und Selbstfürsorge in Einklang bringen

11.1 Umgang mit elterlichem Stress

Um Ihre Gesundheit zu erhalten und Ihrer Tochter die bestmögliche Pflege zu bieten, müssen Sie die Betreuung eines Kindes mit ADHS mit der Selbstfürsorge in Einklang bringen.

Wenn Sie Ihren elterlichen Stress bewältigen können, verfügen Sie über die Werkzeuge, die Sie benötigen, um Hindernissen erfolgreich zu begegnen.

Erkennen Sie die Stresssymptome: Achten Sie auf Ihre eigenen Stresssymptome, zu denen Gereiztheit, Erschöpfung und Konzentrationsschwierigkeiten gehören. Indem Sie diese Symptome erkennen, können Sie mit Stress umgehen, bevor er Sie überwältigt.

Machen Sie Selbstfürsorge zu einer Priorität, indem Sie erkennen, dass es nicht egoistisch ist, sich um Ihre Bedürfnisse zu kümmern; es ist notwendig. Geben Sie den Dingen, die Sie glücklich, ruhig und erfrischt machen, höchste Priorität.

Suchen Sie Hilfe: Wenden Sie sich an Ihr Netzwerk von Freunden, Familienmitgliedern oder Organisationen, die Eltern von ADHS-betroffenen Kindern Hilfe anbieten. Der Erfahrungsaustausch kann aufschlussreiche Informationen und emotionale Erleichterung bieten.

Setzen Sie Grenzen, um sicherzustellen, dass Sie Zeit haben, sich sowohl um andere als auch um sich selbst zu kümmern. Wenn es möglich ist, übertragen Sie Aufgaben auf andere und teilen Sie Ihren Familienmitgliedern mit, was Sie benötigen.

Üben Sie Achtsamkeit, um im gegenwärtigen Moment zu bleiben und Ihren Stress zu kontrollieren. Durch Meditation und achtsames Atmen können Sie Ihren Fokus aufrechterhalten.

Körperliche Aktivität: Integrieren Sie regelmäßige Bewegung in Ihren Tagesablauf. Sport ist ein starker Stressabbau und Stimmungsaufheller.

Auf eine ausgewogene, vollwertige Ernährung sollte stets geachtet werden. Nährstoffreiche Lebensmittel können zur Förderung Ihrer körperlichen und geistigen Gesundheit beitragen.

Entwickeln Sie effiziente Zeitmanagementtechniken, um Überlastungsgefühle zu vermeiden. Legen Sie Arbeitsprioritäten fest und delegieren Sie bei Bedarf.

Planen Sie regelmäßige Pausen zum Auftanken ein. Auch kurze Pausen können dabei helfen, den Geist wieder aufzuladen und die Vitalität zu steigern.

Für den Fall, dass der elterliche Stress unerträglich wird, denken Sie darüber nach, fachkundige Unterstützung in Anspruch zu nehmen. Ein Therapeut kann Ratschläge zur Selbstpflege und Stressbewältigung geben.

Sie können sich besser um Ihre Tochter mit ADHS kümmern, wenn Sie als Eltern Ihren eigenen Stress kontrollieren können. Sie geben ein Beispiel für gute Bewältigungsmechanismen und schaffen eine unterstützende Atmosphäre, in der Sie und Ihre Tochter sich entfalten können, indem Sie Ihrem Wohlbefinden und der Selbstfürsorge höchste Priorität einräumen.

11.2 Unterstützung finden

Um die Schwierigkeiten zu überwinden, die mit der Erziehung eines ADHS-Kindes einhergehen, ist es wichtig, Hilfe zu finden. Durch den Aufbau eines starken Unterstützungsnetzwerks erhalten Sie Werkzeuge, Orientierung und ein Gemeinschaftsgefühl, was die Bewältigung der Reise erleichtern kann.

Knüpfen Sie Kontakte zu anderen Eltern, indem Sie nach lokalen oder Online-Selbsthilfegruppen für diejenigen suchen, die Kinder mit ADHS haben. Der Kontakt zu Menschen, die Ihre Erfahrungen nachvollziehen können, kann aufschlussreiche Informationen und ein Gemeinschaftsgefühl vermitteln.

Konsultieren Sie Experten: Gesundheitspersonal, Pädagogen, Therapeuten und Berater, die sich auf ADHS konzentrieren, sollten konsultiert werden. Ihr Wissen kann spezialisierte Ratschläge und Taktiken bieten.

Stützen Sie sich auf Ihre Freunde und Familie, wenn Sie sie am meisten brauchen. Sagen Sie ihnen, was Sie brauchen, und lassen Sie sich von ihnen helfen, wenn sie können.

Beteiligen Sie sich an der Bildung Ihres Kindes, indem Sie mit der Verwaltung und den Lehrern zusammenarbeiten. Um sicherzustellen, dass die

Bildungsvoraussetzungen Ihrer Tochter erfüllt werden, etablieren Sie offene Kontaktkanäle.

Ziehen Sie eine Familienberatung oder Einzeltherapie in Betracht, um die Schwierigkeiten bei der Erziehung eines ADHS-Kindes zu überwinden. Therapeuten können Bewältigungsmechanismen und einen sicheren Rahmen anbieten, in dem Sie Ihre Sorgen äußern können.

Besuchen Sie Elternkurse oder Workshops, die auf ADHS ausgerichtet sind. Diese Ereignisse können aufschlussreiche Erkenntnisse und nützliche Taktiken liefern.

Untersuchen Sie online glaubwürdige Websites, Artikel und Bücher zum Thema ADHS. Sie können kluge Entscheidungen treffen, wenn Sie sich über die Krankheit informieren.

Um sich vorübergehend von Ihren Pflegepflichten zu entbinden, sollten Sie sich über Möglichkeiten der Kurzzeitpflege informieren. Wer gesund bleiben will, muss Pausen einlegen.

Treten Sie Interessenvertretungen bei, die das Bewusstsein für und die Unterstützung bei ADHS fördern. Diese Organisationen können Ihnen Tools, Möglichkeiten zur Lobbyarbeit und ein Forum zum Austausch Ihrer Erfahrungen bieten.

Ziehen Sie in Betracht, bei Bedarf eine professionelle Beratung in Anspruch zu nehmen. Mithilfe eines Therapeuten können Sie Ihren Stress, Ihre Emotionen und Hindernisse besser kontrollieren.

Durch die Schaffung eines Unterstützungssystems wird sichergestellt, dass Sie bei der Erziehung eines ADHS-Kindes nicht allein vorgehen.

Sie können Ihrer Tochter die bestmögliche Unterstützung bieten und gleichzeitig auf sich selbst aufpassen, indem Sie Rat einholen, über Ihre Erfahrungen sprechen und andere finden, die nachvollziehen können.

11.3 Selbstfürsorge für Eltern

Eltern von Kindern mit ADHS müssen Selbstfürsorge betreiben, um ihre Gesundheit zu erhalten, ihren

Stresspegel zu kontrollieren und ihrem Kind angemessen zu helfen.

Wenn Sie die Selbstfürsorge zur Priorität machen, können Sie sich regenerieren und Erziehungsproblemen klar und energisch begegnen.

Setzen Sie Grenzen zwischen Ihrer Zeit, die Sie für die Pflege anderer aufwenden, und Ihrer Zeit für sich selbst. Setzen Sie mit Ihrer Familie klare Grenzen und planen Sie in Ihrem Zeitplan Zeit speziell für die Selbstfürsorge ein.

Finden Sie Hobbys, die Sie glücklich machen und beruhigen. Nehmen Sie sich regelmäßig Zeit für diese Beschäftigungen, sei es Lesen, Sport treiben, meditieren oder einem Hobby nachgehen.

Üben Sie Achtsamkeit, um im gegenwärtigen Moment zu bleiben und Ihren Stress zu kontrollieren. Übungen zur tiefen Atmung und Achtsamkeitsmeditation können hilfreich sein.

Pflegen Sie Ihre Beziehungen zu Freunden und Familie auf sozialer Ebene. Wenn Sie Zeit mit ermutigenden

Menschen verbringen, kann dies Ihre Stimmung verbessern und Ihre Gefühle lindern.

Ihr körperliches Wohlbefinden sollte oberste Priorität haben. Stellen Sie dazu sicher, dass Sie ausreichend schlafen, sich gut ernähren und häufig Sport treiben. Emotionales Wohlbefinden wird durch körperliche Gesundheit unterstützt.

Ziehen Sie in Betracht, die Hilfe eines Therapeuten oder Beraters in Anspruch zu nehmen, wenn Sie unter Stress oder emotionalen Schwierigkeiten leiden. Mit professioneller Unterstützung können wirksame Bewältigungsmechanismen entwickelt werden.

Machen Sie Pausen von sozialen Medien und digitalen Gadgets, um abzuschalten und neue Energie zu tanken. Sich von der Technik zu distanzieren, kann Stress reduzieren und das allgemeine Wohlbefinden steigern.

Nehmen Sie sich Zeit für Ihre Hobbys und andere schöne Beschäftigungen. Finden Sie Erfüllung und Entspannung durch Dinge, die Sie begeistern.

Achten Sie auf ausreichend Schlaf und legen Sie Wert auf Entspannung. Um Stress zu kontrollieren und die emotionale Stabilität zu bewahren, sollten Sie ausreichend schlafen.

Zeit ohne Schuldgefühle Denken Sie daran, dass es wichtig und nicht egoistisch ist, auf sich selbst aufzupassen. Befreien Sie sich von all Ihren Schuldgefühlen, wenn Sie auf sich selbst achten.

Wenn Sie in Ihr persönliches Wohlbefinden investieren, können Sie besser in der Lage sein, Ihrem ADHS-Kind zu helfen. Übe Selbstfürsorge.

Indem Sie sich um Ihr körperliches und geistiges Wohlbefinden kümmern, geben Sie Ihrer Familie ein Vorbild, indem Sie gutes Verhalten vorleben und eine unterstützende Atmosphäre fördern.

Vorbereitung auf die Zukunft

12.1 Jugend und darüber hinaus

Es ist von entscheidender Bedeutung, Ihrer Tochter mit ADHS zu helfen, diese Übergangsphase zu überstehen und sich auf die vor ihr liegenden Möglichkeiten und Schwierigkeiten vorzubereiten, wenn sie in die Pubertät eintritt und darüber hinaus. Sie ermöglichen es ihr, ihr Potenzial auszuschöpfen und zu wachsen, indem Sie ihr Orientierung geben und ihre Unabhängigkeit fördern.

Wenn Ihre Tochter in die Pubertät kommt, sollten Sie den Kontakt zu ihr offen und ehrlich halten. Sprechen Sie über mögliche körperliche, geistige und soziale Veränderungen, die sie durchmachen könnte.

Helfen Sie ihr, gute Kontakte zu Gleichaltrigen aufzubauen, indem Sie mit ihr über Grenzen, Kommunikationstechniken und den Wert der Auswahl von Freunden sprechen, die sie ermutigen und unterstützen.

Bereiten Sie sie auf die Hindernisse vor, denen sie begegnen könnte, wie z. B. soziale Dynamik, akademische Erwartungen und Selbstfindung. Geben Sie Ratschläge zu Bewältigungsmechanismen und Problemlösungstechniken.

Ermutigen Sie sie, mehr Verantwortung zu übernehmen und ein unabhängiges Urteil zu fällen. Ihre allmähliche Gewöhnung an mehr Unabhängigkeit bereitet sie auf das Erwachsensein vor.

Verbessern Sie weiterhin Ihre Führungsqualitäten, einschließlich Zeitmanagement, Planung und Organisation. Erfolgreiche Studienleistungen und die allgemeine Lebensbewältigung hängen von diesen Fähigkeiten ab.

Wenn sie beabsichtigt, zu studieren oder einen Beruf auszuüben, beginnen Sie frühzeitig mit der Übergangsplanung. Untersuchen Sie die verfügbaren Ressourcen, akademischen Unterkünfte und Unterstützungsdienste.

Bringen Sie ihr bei, sich in verschiedenen Kontexten, einschließlich der Schule, am Arbeitsplatz und im Gesundheitswesen, für ihre Bedürfnisse einzusetzen.

Dank ihrer Selbstvertretung kann sie Hindernissen selbstbewusst begegnen.

Ermutigen Sie sie, ihre Einzigartigkeit und Fähigkeiten zu schätzen, indem Sie ihr sagen, sie solle „die Individualität annehmen“. Helfen Sie ihr dabei, die besonderen Eigenschaften und Fähigkeiten zu identifizieren, die zu ihrem zukünftigen Erfolg beitragen werden.

Legen Sie gemeinsam kurz- und langfristige Ziele fest, die ihren Wünschen entsprechen. Das Setzen von Zielen bietet Motivation und Orientierung.

Fördern Sie eine positive Einstellung, indem Sie ihre Leistungen und Entwicklung hervorheben. Erinnern Sie sie daran, dass Schwierigkeiten Chancen für Wachstum und Lernen bieten.

Ihre Tochter ist besser auf die Herausforderungen des Lebens mit ADHS vorbereitet, wenn Sie ihr dabei helfen, sich auf die Pubertät und darüber hinaus vorzubereiten.

Dank Ihres Rats und Ihrer Ermutigung kann sie mutig ihren Weg gehen und ihre Ambitionen mit Optimismus und Beharrlichkeit verfolgen.

12.2 Planung für Studium und Karriere

Ihre Tochter mit ADHS kann diese bedeutende Veränderung mit sorgfältiger Planung und Unterstützung gut bewältigen, wenn sie in die Zeit kommt, in der sie über Studium und Beruf nachdenkt. Sie können ihr helfen, kluge Entscheidungen zu treffen und ihre Ziele zu verfolgen, indem Sie auf ihre besonderen Bedürfnisse und Fähigkeiten eingehen.

Ermutigen Sie sie, ihren Hobbys und Interessen nachzugehen. Sie kann bessere Entscheidungen bezüglich ihres Studiums und ihrer Karriere treffen, indem sie herausfindet, was ihr Spaß macht.

Erfahren Sie mehr über die Unterkünfte, die College-Studenten mit ADHS angeboten werden. Sie sollten sich mit dem Verfahren zur Suche und Inanspruchnahme dieser Hilfe vertraut machen.

Sie sollte ihre Zeitmanagementfähigkeiten weiter verbessern. Für den akademischen Erfolg an der Hochschule sind eine effektive Planung und Organisation erforderlich.

Informieren Sie sich über die von Institutionen angebotenen Hilfsprogramme wie Studienberatung, Beratung und Nachhilfe. Ihr Übergang kann erleichtert werden, indem sie sich der Optionen bewusst ist.

Fördern Sie die Entwicklung ihrer autonomen Lernfähigkeiten. Bringen Sie ihr bei, sich gut Notizen zu machen, kritisch zu lesen und für Prüfungen zu lernen.

Wenn möglich, besuchen Sie gemeinsam die Hochschulen. Dadurch erhält sie ein Gefühl für die Umgebung und die Annehmlichkeiten, die sich auf ihre Wahl auswirken können.

Besprechen Sie während der Berufserkundungsphase verschiedene Berufswahlmöglichkeiten, die zu ihren Talenten und Interessen passen. Um ihr dabei zu helfen, kluge Entscheidungen zu treffen, führen Sie Recherchen zu verschiedenen Berufen und Sektoren durch.

Ermutigen Sie sie, nach Praktika, Teilzeitbeschäftigungen oder ehrenamtlichen Tätigkeiten zu suchen, die mit ihrem Interessengebiet in Zusammenhang stehen. Ihre praktische Erfahrung verbessert ihre Qualifikationen und bietet aufschlussreiche Informationen.

Bringen Sie ihr bei, sich im Büro und in der Hochschule für ihre Bedürfnisse einzusetzen. Es ist entscheidend, dass sie ihre Rechte versteht und ihre Forderungen erfolgreich zum Ausdruck bringt.

Besprechen Sie die finanziellen Auswirkungen Ihrer Studien- und Berufswahl im Abschnitt „Finanzplanung“. Um sicherzustellen, dass Sie über die finanzielle Verpflichtung im Klaren sind, schauen Sie sich Stipendien, finanzielle Unterstützung und Budgetierung an.

Für die Berufs- und Hochschulvorbereitung sind sorgfältige Planung, Anleitung und eine proaktive Einstellung erforderlich. Sie stellen Ihrer Tochter mit ADHS die Werkzeuge, Ressourcen und Informationen zur Verfügung, die sie benötigt, damit sie selbstbewusst Entscheidungen treffen und eine lohnende akademische und berufliche Karriere beginnen kann.

Abschluss

Wir feiern Mädchen mit ADHS

Denken Sie beim Durchlesen der Seiten dieses Buches daran, dass Mädchen mit ADHS außergewöhnliche Menschen mit ausgeprägten Fähigkeiten und Potenzialen sind.

Ehren Sie ihre Vorstellungskraft, Zähigkeit und Entschlossenheit.

Akzeptieren Sie ihre Schwierigkeiten als Chance für Entwicklung und Bildung.

Sie können Kinder in die Lage versetzen, die Komplikationen des Lebens mit Zuversicht und Anmut zu meistern, indem Sie sich ihrer Bedürfnisse bewusst sind, ihnen unerschütterliche Unterstützung bieten und eine angenehme Atmosphäre schaffen.

Ihr Einfluss auf ihr Leben als Eltern, Erzieher und Fürsprecher ist wichtig.

Steigern Sie weiterhin ihr Selbstwertgefühl, entwickeln Sie ihre Fähigkeiten und fördern Sie ihr Wohlbefinden.

Ihr Engagement trägt dazu bei, eine bessere Zukunft für Mädchen mit ADHS zu schaffen, damit sie sich entfalten und ihre Spuren in der Welt hinterlassen können.

Ermutigung zur ADHS-Erziehung

Ein ADHS-Elternteil zu sein ist sowohl eine freudige als auch eine schwierige Erfahrung. Denken Sie daran, dass Sie auf Ihrem Weg durch die Höhen und Tiefen nicht allein sind.

Ihr Engagement und Ihre Hingabe sind starke Kräfte, die das Leben Ihres Kindes maßgeblich beeinflussen. Denken Sie an die folgenden weisen Worte:

Jeder Tag bringt neue Schwierigkeiten mit sich, aber es ist bewundernswert, wie engagiert Sie sich für das Wohl

Ihres Kindes einsetzen. Denken Sie daran, dass Ihre größten Bemühungen eine positive Wirkung haben.

Akzeptieren Sie Fortschritte, egal wie klein sie sind: Feiern Sie alle Erfolge, egal wie klein sie sind. Fortschritt kann viele verschiedene Formen annehmen, wie zum Beispiel geschärfte Aufmerksamkeit, akademische Erfolge oder ein berührender Moment der Verbindung.

Seien Sie geduldig mit sich und Ihrem Kind. Seien Sie außerdem flexibel. Auch wenn der Fortschritt nicht immer linear verläuft, werden Ihnen Ihre Flexibilität und Geduld dabei helfen, herausfordernde Zeiten zu meistern.

Bitte scheuen Sie sich nicht, um Hilfe zu bitten. Die Unterstützung von Angehörigen, Freunden und Experten kann aufschlussreiche Informationen und eine andere Sichtweise liefern.

Priorisieren Sie die Selbstfürsorge, um sicherzustellen, dass Sie über die Ausdauer und emotionale Stärke verfügen, die für eine gute Erziehung Ihres Kindes erforderlich sind. Bedenken Sie, dass die Reise erfordert, dass Sie auf sich selbst aufpassen.

Ihre Liebe macht den Unterschied: Ihre Unterstützung und Zuneigung bilden eine starke Grundlage für die Entwicklung Ihres Kindes. Sie können sich durch die Freundlichkeit und das Verständnis, die Sie ihnen entgegenbringen, entfalten.

Treten Sie selbstbewusst ein: Seien Sie ein starker Fürsprecher für die Bedürfnisse Ihres Kindes. Da Sie der beste Anwalt Ihres Kindes sind, stellen Sie sicher, dass es die Hilfe erhält, die es braucht.

Feiern Sie die Individualität Ihres Kindes: Die Persönlichkeit Ihres Kindes wird aufgrund seiner ADHS unverwechselbar sein. Feiern Sie die außergewöhnlichen Errungenschaften, die aus ihrem Erfindungsreichtum, ihrer Neugier und ihrem endlosen Enthusiasmus resultieren können.

Auch wenn Schwierigkeiten auftreten können, bleiben Sie optimistisch. Mit Ihrer Hilfe kann Ihr Kind Herausforderungen meistern und seine Wünsche verwirklichen.

Denken Sie daran, dass diese Reise eine Chance für Sie und Ihr Kind ist, sich gemeinsam zu entwickeln und zu lernen. Ihre Hartnäckigkeit und Hartnäckigkeit dienen als Inspiration.

Sie beeinflussen das Leben Ihres Kindes maßgeblich, indem Sie es dabei unterstützen, sich zu entfalten und seinen individuellen Weg zu gehen. Sie schaffen eine Zukunft voller Chancen und Wohlstand, indem Sie weiterhin Liebe, Unterstützung und Ermutigung zeigen.

Printed in Poland
by Amazon Fulfillment
Poland Sp. z o.o., Wrocław

34027779R00054